Im Herzen des Wokismus: Ein neues kulturelles Paradigma?

Maxime STONE

Einführung

In einer Welt, in der 7,9 Milliarden Menschen nebeneinander leben, in der jeden Tag Tausende von Stimmen laut werden, um ihre Rechte einzufordern und ihre Identität zum Ausdruck zu bringen, taucht eine Frage auf: Wie sind wir hierhergekommen? Wie haben Denkrichtungen wie der Wokismus in unserer heutigen Gesellschaft Wurzeln geschlagen?".

Um diese Fragen zu beantworten, müssen wir am Ende beginnen. Stellen wir uns eine Welt vor, in der der Wokismus bereits ein etabliertes Konzept ist, das Politik, Kultur und Bildung beeinflusst. Lassen Sie uns zurückblicken, durch die Jahrzehnte, um herauszufinden, wie jedes Ereignis, jede Bewegung dazu beigetragen hat, das zu formen, was wir heute kennen.

Da über 60% der Studenten an westlichen Universitäten mit progressiven Ideen in Berührung kommen, wie sind diese Institutionen zu Hochburgen des wokistischen Denkens geworden? Welche Rolle haben die Medien mit ihrer Fähigkeit, Milliarden von Menschen zu erreichen, bei der Verbreitung dieser Ideen gespielt?

Wie haben die Ideen des Wokismus im Informationszeitalter, in dem jeder Klick, jede Weitergabe und jeder Tweet Millionen von Menschen erreichen kann, bei einem globalen Publikum nachgehallt und Anklang gefunden?

Diese Einführung ist eine Einladung, rückwärts durch die Zeit zu reisen. Anhand von Zahlen und Fakten werden wir den Faden der Geschichte entrollen, die Ursprünge zurückverfolgen und die Mechanismen verstehen, die den Wokismus hervorgebracht und geformt haben.

Begleiten Sie uns auf dieser Erkundungstour, um nicht nur zu verstehen, wo wir sind, sondern vor allem, wie wir dorthin gelangt sind.

Inhaltsverzeichnis

Kapitel 1: Kontextualisierung und Definition des Wokismus

1. Einführung in den Wokismus

Wokismus, ein Begriff, der im modernen Diskurs allgegenwärtig geworden ist, ist eine komplexe und facettenreiche Ideologie. Inspiriert von den eingehenden Beobachtungen und der erhellenden Definition dieses Konzepts, erkunden wir die Nuancen, die es charakterisieren.

Diese Denkrichtung, die in den Kämpfen für soziale Gerechtigkeit und Gleichheit verwurzelt ist, stellt etablierte Normen in Frage. Er versucht, unser Verständnis der Welt neu zu definieren, indem er den Schwerpunkt auf Vielfalt, Inklusion und die Anerkennung unterschiedlicher Erfahrungen und Identitäten legt."

Wokismus lässt sich nicht auf eine einzige Definition beschränken; er manifestiert sich in verschiedenen Ausdrucksformen, sei es künstlerisch, politisch oder akademisch. Er ist ein Aufruf zu mehr Sensibilität gegenüber Fragen von Geschlecht, Rasse und Identität und beeinflusst so maßgeblich die zeitgenössische Kultur.

Im Bildungsbereich präsentiert sich der Wokismus als treibende Kraft, um Lehrpläne zu überdenken und einen inklusiveren und kritischeren Ansatz in der Geschichte und den

Sozialwissenschaften zu fördern. Er ermutigt dazu, vorherrschende Narrative zu hinterfragen und vielfältige Perspektiven einzubeziehen.

So ist der Wokismus in seinem Kern ein Aufruf, die menschliche Vielfalt anzuerkennen und wertzuschätzen, etablierte Machtstrukturen in Frage zu stellen und eine gerechtere und fairere Gesellschaft zu fördern. Es ist eine Herausforderung an unsere Art zu denken und in einer sich ständig verändernden Welt zu interagieren.

Diese Reise durch den Wokismus lädt uns dazu ein, über unsere eigene Position im sozialen Gefüge nachzudenken und darüber, wie wir zu einer integrativeren Zukunft beitragen können, in der Unterschiede respektiert werden.

2. Geschichte des Wokismus und seine ideologischen Wurzeln

Um das Wesen des Wokismus zu erfassen, ist es unerlässlich, bis zu seinen Ursprüngen zurückzugehen, die in einer Vergangenheit voller sozialer Kämpfe und ideologischer Veränderungen verankert sind. Es ist eine Reise durch die Geschichte, in der jede Epoche dazu beigetragen hat, dieses Denken zu formen.

Die Zeit der Bürgerrechtsbewegungen und Kulturrevolutionen markiert einen Wendepunkt. Diese Kämpfe gegen traditionelle Machtstrukturen und Ungerechtigkeit ebneten den Weg für Denkrichtungen, die später den Wokismus beeinflussen sollten.

In den Universitäten weht ein Wind des Wandels. Postkoloniale und postmoderne Theorien, die vorherrschende Geschichtsnarrative in Frage stellen und Machtmechanismen aufdecken, bereiten den Boden für eine kritische Auseinandersetzung mit Geschichte und Kultur.

Kritische Denker, die sich mit der Dynamik von Macht und Identität auseinandersetzen, prägen die Grundlagen dessen, was später als Wokismus bekannt wird. Ihre Arbeiten bilden eine wichtige theoretische Grundlage für das Verständnis dieser Bewegung.

Dieser historische Werdegang offenbart eine komplexe Entwicklung. Der heutige Wokismus ist das Ergebnis eines langen Prozesses, der von hitzigen Debatten, Kämpfen um Anerkennung und tiefgreifenden Veränderungen geprägt ist.

Wenn wir diese historische Perspektive umarmen, können wir die Feinheiten und Komplexitäten des Wokismus in unserer heutigen Gesellschaft besser verstehen.

3. Unterscheidung zwischen den erklärten Zielen des Wokismus und der öffentlichen Wahrnehmung

Der Wokismus strebt in seinen erklärten Zielen die Förderung einer integrativeren und gerechteren Gesellschaft an. Nehmen wir als Beispiel die Repräsentation in den Medien. Die Ziele des Wokismus sollen sicherstellen, dass alle Gemeinschaften, insbesondere die historisch marginalisierten, fair und respektvoll repräsentiert werden.

Betrachten wir die jüngsten Statistiken: Eine Studie hat ergeben, dass die Darstellung von Minderheiten in Film- und Fernsehproduktionen in den letzten fünf Jahren um 12% zugenommen hat. Dieser Anstieg wird häufig den Prinzipien des Wokismus zugeschrieben, die eine größere Vielfalt und Sichtbarkeit verschiedener Kulturen und Identitäten fördern.

Die öffentliche Wahrnehmung dieser Veränderungen ist jedoch sehr unterschiedlich. Für einige wird diese Zunahme als positiver

Schritt hin zu mehr Gleichheit und Anerkennung gesehen. Für andere wird sie als eine übertriebene Form der 'politischen Korrektheit' gesehen, die die künstlerische Qualität und Integrität beeinflusst.

Diese Zweiteilung zwischen den Zielen des Wokismus und der öffentlichen Wahrnehmung zeigt sich deutlich in den Online-Debatten. Eine Umfrage ergab, dass 40% der Internetnutzer den Einfluss des Wokismus in den Medien für positiv halten, während 35% ihn für negativ halten, was eine Spaltung in der öffentlichen Meinung widerspiegelt.

Diese Unterscheidung zwischen den Absichten des Wokismus und seiner Rezeption durch die Öffentlichkeit wirft wichtige Fragen darüber auf, wie Gesellschaften kulturelle und soziale Veränderungen interpretieren und integrieren. Es ist ein fortlaufender Dialog, der die Komplexitäten unserer Zeit aufzeigt.

Kapitel 2: Theoretische Grundlagen und Kritik des Wokismus

1. Die historischen Wurzeln des Wokismus

Im Zentrum dieser Wurzeln stehen die Bürgerrechtsbewegungen und die sozialen Fortschritte des 20. Jahrhunderts. Diese Zeiten tiefgreifender Veränderungen legten den Grundstein für das Hinterfragen etablierter Normen, eine zentrale Grundlage des Wokismus. Auch die intellektuellen Debatten und akademischen Entwicklungen dieser Zeit haben diese Denkrichtung genährt, indem sie die vorherrschenden historischen Narrative in Frage stellten und die Bedeutung marginalisierter Perspektiven betonten.

Postkoloniale und postmoderne Theorien haben ebenfalls eine entscheidende Rolle bei der Herausbildung des Wokismus gespielt. Sie förderten eine kritische Neuinterpretation der Geschichte und die Infragestellung von Machtstrukturen und bereiteten so den Boden für einen integrativeren und vielfältigeren Ansatz in der Gesellschaft.

Wenn wir diese historischen Wurzeln betrachten, verstehen wir, dass der Wokismus kein isoliertes Phänomen ist, sondern das Ergebnis einer langen Reihe von sozialen und kulturellen Entwicklungen. Er ist das Produkt einer Geschichte, die vom ständigen Streben nach Gerechtigkeit, Gleichheit und

Anerkennung der verschiedenen Stimmen, aus denen sich unsere Welt zusammensetzt, geprägt ist.

2. Einfluss postkolonialer Theorien und des Postmodernismus

Der Einfluss postkolonialer Theorien und der Postmoderne auf den Wokismus ist unbestreitbar. Diese Denkrichtungen haben unser Verständnis der Welt neu geformt und eine neue Perspektive in die zeitgenössischen Debatten eingebracht.

Betrachten wir das Werk von Frantz Fanon, einem bedeutenden postkolonialen Denker. In 'Die Verdammten dieser Erde' erforscht Fanon die Psychologie von Unterdrückung und Befreiung im Kontext des Kolonialismus. Seine Ideen zur Dekolonialisierung des Geistes haben den Wokismus tiefgreifend beeinflusst, indem sie die Infragestellung des kolonialen Erbes und der vorherrschenden Geschichtsnarrative förderten.

Auf Seiten des Postmodernismus spielten Denker wie Michel Foucault und Jacques Derrida eine entscheidende Rolle. Foucault hat mit seinen Konzepten von Macht und Wissen den Weg für eine Kritik an traditionellen Machtstrukturen geebnet. Derrida förderte mit seiner Dekonstruktion eine differenziertere Analyse von Texten und Ideologien, ein Ansatz, der im Wokismus stark nachklingt.

Diese Theorien haben in den aktuellen sozialen Bewegungen ihren Widerhall gefunden. So ist beispielsweise die Art und Weise, wie der Wokismus mit Fragen der Identität und Repräsentation umgeht, tief im postkolonialen und postmodernen Denken verwurzelt. Die Debatten über Geschlechtsidentität, die Darstellung von Minderheiten in den Medien und in der Bildung sowie die Dekolonisierung der Lehrpläne zeugen von diesem Einfluss.

Wenn wir den Einfluss postkolonialer und postmoderner Theorien anerkennen, verstehen wir besser, wie sich der Wokismus als Antwort auf jahrhundertelange Machtstrukturen und Narrative geformt hat. Es ist eine Antwort auf einen lange ignorierten Ruf.

3. Vergleich des Wokismus mit anderen sozialen Bewegungen

Wie ein mächtiger Fluss, der von zahlreichen Nebenflüssen gespeist wird, schöpft der Wokismus seine Kraft und seinen Reichtum aus einem großen Erbe von Gedanken und Kämpfen. Um die Einzigartigkeit dieser zeitgenössischen Strömung besser zu verstehen, ist es erhellend, sie in die Kontinuität anderer wichtiger sozialer Bewegungen einzuordnen.

Einer der wichtigsten Zuflüsse zum Wokismus ist zweifellos die amerikanische Bürgerrechtsbewegung. Durch ihren epischen Kampf gegen die Rassentrennung hat die Bewegung die Themen Diskriminierung und Ungerechtigkeit in den Mittelpunkt gerückt. Wie ein Prisma, das das Licht bricht, verwandelte sie einen Nebel von Bestrebungen in einen zielgerichteten Kampf für Gleichheit. Der Wokismus schöpft aus diesem militanten Erbe, erweitert aber die Perspektive auf andere Formen der Diskriminierung, die über die Rassenfrage hinausgehen.

Diese Verbindung zu den Kämpfen von gestern wird von den Akteuren des Wokismus übrigens klar für sich beansprucht. Laut einer aktuellen Studie sehen nicht weniger als 70 % der Menschen, die sich heute in sozialen Bewegungen engagieren, den Wokismus als eine natürliche Fortsetzung der großen Kämpfe, die ihm vorausgingen. Diese mehrheitliche Wahrnehmung unterstreicht, wie bewusst sich diese Strömung in eine historische Kontinuität einfügt, während sie gleichzeitig neue Wege erkundet.

Der Vergleich mit dem Feminismus ist auch aufschlussreich für die Verbindungen, die den Wokismus mit anderen wichtigen progressiven Anliegen verbinden. Trotz taktischer Unterschiede haben beide Bewegungen gemeinsame Wurzeln in ihrem Streben nach Gleichheit und sozialer Gerechtigkeit. Wie die Äste desselben Baumes schöpfen sie aus einer gemeinsamen progressiven Quelle, haben aber unterschiedliche Schwerpunkte in ihrem Kampf. Während sich der Feminismus auf die Geschlechterdiskriminierung konzentriert, versucht der Wokismus, mithilfe des Konzepts der Intersektionalität eine Brücke zwischen einer Vielzahl von Ursachen zu schlagen.

Wenn man den Wokismus vor dem Hintergrund anderer großer sozialer Kämpfe analysiert, zeichnet sich seine Einzigartigkeit deutlicher ab: Als Erbe vergangener Kämpfe setzt er diese mit einem erweiterten Spektrum fort; am Zusammenfluss zahlreicher Ursachen versucht er, diese in ihrer Vernetzung zu denken; als mächtig fließender Fluss bewässert er unaufhörlich neue Gebiete des Nachdenkens und Handelns. Das Prisma vervielfacht die Lichter von gestern und wirft sie entschlossen auf die Kämpfe von morgen.

Kapitel 3: Kulturelle Implikationen und Gefahren

1. Auswirkungen auf die Populärkultur, die Medien und die Bildung

Wie ein wechselnder Wind hat der Wokismus in den letzten Jahren die Landschaft der Populärkultur, der Medien und des Bildungswesens stark verändert. Lassen Sie uns das Ausmaß dieses Einflusses anhand konkreter Beispiele aus diesen verschiedenen Bereichen genauer erkunden.

In der Welt des Films und der Fernsehserien gibt es immer mehr Drehbücher, in denen Figuren aus der Vielfalt im Mittelpunkt stehen und Themen wie Geschlecht, sexuelle Orientierung oder Rasse behandelt werden. Erfolgreiche Serien wie "Pose" oder "Orange Is the New Black" verdeutlichen diesen Trend, wobei die Besetzung überwiegend aus Schwarzen und LGBTQ+ Personen besteht. In diesen Kulturindustrien weht ein frischer Wind, der eine integrativere Gesellschaft widerspiegelt.

Auch in den Mainstream-Medien ist die Darstellung weniger stereotyp und vielfältiger geworden. Die Werbekampagnen von Nike mit dem Sportler Colin Kaepernick zeugen von der Bereitschaft, Rassen- und Identitätsfragen offen anzusprechen. Die Medien, die die Woke-Kämpfe als Aushängeschild brandmarken, wenden sich nun an ein breiteres Publikum, das über die traditionellen Segmente hinausgeht.

Schließlich bleibt auch das Bildungswesen nicht von diesem Wind des Wandels verschont. Die Lehrpläne der Schulen werden vielfältiger: Im Geschichtsunterricht werden mehr Geschichten von Minderheitengruppen berücksichtigt, und in den Literaturkursen erhalten die Werke von Autoren mit Diversitätshintergrund einen größeren Stellenwert. In der akademischen Welt ist eine grundlegende Debatte in Gang gekommen, die dazu auffordert, etabliertes Wissen durch eine integrativere Brille zu betrachten.

Die Auswirkungen des Wokismus auf die Populärkultur, die Medien und die Bildung sind offensichtlich. Diese Strömung stellt unsere Art und Weise, die Welt darzustellen und zu verstehen, in Frage und bläst den Wind des Wandels durch ganze Bereiche der heutigen Gesellschaft. Ein vielschichtiger Einfluss, der trotz aller Kontroversen von tiefgreifenden Veränderungen zeugt.

2. Prüfung der Auswirkungen auf die Beziehungen zwischen den Gemeinschaften und den sozialen Zusammenhalt

In Europa hat der Wokismus eine lebhafte Debatte über seinen Einfluss auf die Beziehungen zwischen den verschiedenen kulturellen und religiösen Gemeinschaften ausgelöst. Betrachten wir genauer, wie diese Denkrichtung die Dynamiken zwischen den Gemeinschaften auf dem alten Kontinent verändert hat.

In kosmopolitischen Metropolen wie London oder Berlin ist die ethnische und religiöse Vielfalt allgegenwärtig. Von Woke-Ideen inspirierte Initiativen haben versucht, das gegenseitige Verständnis innerhalb dieses Mosaiks zu stärken. Der berühmte Notting Hill Carnival zum Beispiel feiert jedes Jahr diese kulturelle Vielfalt Londons und schafft so einen Raum für den Dialog zwischen den Gemeinschaften. Andere interkulturelle Festivals und Veranstaltungen haben sich in ganz Europa ausgebreitet, getragen von einem ähnlichen Elan.

Auch im Bildungsbereich wurden Reformen ins Leben gerufen, die Module über die Geschichte und Kultur verschiedener ethnischer oder religiöser Gruppen in die Lehrpläne aufnehmen. Ziel ist es, die Jüngsten für den Reichtum dieser Vielfalt zu sensibilisieren und gleichzeitig Vorurteile zu bekämpfen. Solche Initiativen wurden insbesondere in Frankreich und Deutschland ins Leben gerufen.

Diese woke Bemühungen, die Gemeinschaften einander näher zu bringen, stoßen jedoch nicht auf ungeteilte Zustimmung. Einige konservative Bewegungen sehen darin eine Gefahr für die nationale Einheit und den sozialen Zusammenhalt. Sie sind der Meinung, dass die übermäßige Betonung von identitären Eigenheiten die Gesellschaft eher fragmentieren als zusammenführen könnte. Solche Kontroversen gab es zum Beispiel bei Lehrplanreformen in Schweden und den Niederlanden.

So zeigt der Einfluss des Wokismus auf die Beziehungen zwischen den Gemeinschaften in Europa, wie schwierig es ist, die Wertschätzung der Vielfalt mit der Aufrechterhaltung des sozialen Zusammenhalts in Einklang zu bringen. Das Zelebrieren der kulturellen Pluralität und die Stärkung des nationalen Zusammenhalts erscheinen manchmal als zwei widersprüchliche Ziele. Diese Debatten verdeutlichen die enormen Herausforderungen, die der Aufbau harmonischer, solidarischer und integrativer Gesellschaften mit sich bringt. Sie erinnern daran, dass der interkulturelle Dialog ständige Anstrengungen, Einfühlungsvermögen und Kompromissbereitschaft auf beiden Seiten erfordert.

3. Analyse von konkreten Beispielen (Filme, Literatur etc.)

Die Analyse filmischer und literarischer Werke liefert anschauliche Beispiele dafür, wie der Wokismus die zeitgenössische Populärkultur durchdringt und verändert. Einige der wichtigsten Filme und Bücher der letzten Jahre spiegeln die Ideen dieser Denkrichtung wider und vermitteln sie.

In der siebten Kunst verdeutlichen Filme wie "Moonlight" und "La Vie d'Adele", die mit Oscars und Preisen in Cannes ausgezeichnet wurden, diesen wachsenden Einfluss. Ihre Geschichten, in deren Mittelpunkt LGBTQ+- und Minderheitencharaktere stehen, bieten neue Perspektiven und machen Erfahrungen sichtbar, die bislang kaum auf der Leinwand dargestellt wurden. Andere Filme, die sich mit feministischen, postkolonialen oder rassistischen Themen befassen, wie "Black Panther" oder "Parasite", sind ebenfalls Teil dieses Einflusses.

Auf der literarischen Seite sind Autorinnen wie Chimamanda Ngozi Adichie und Reni Eddo-Lodge oder Autoren wie Ta-Nehisi Coates zu festen Größen des Wokismus geworden. Ihre Schriften - "Americanah", "Why I'm No Longer Talking to White People About Race" bzw. "Between the World and Me" - gehen Fragen nach Identität, Rasse, Geschlecht oder Privilegien mit großer Schärfe auf den Grund. Sie bieten einen eindrucksvollen Einblick in die Vielfalt der zeitgenössischen Wege und Kämpfe von Minderheiten.

Über ihre künstlerische Dimension hinaus sind diese Werke jedoch auch Vektoren des sozialen Dialogs. Ihre oftmals stürmischen Rezeptionen zeugen von ihrer Fähigkeit, entscheidende gesellschaftliche Debatten zu beleuchten, auch wenn sie heikel sind: Identität, Diskriminierung, soziale Ungerechtigkeit etc. In dieser Hinsicht hat zum Beispiel eine Fernsehserie wie "Dear White People" durch ihre satirische

Darstellung von Rassenspannungen heftige Kontroversen ausgelöst.

Ob in der siebten Kunst oder in der Literatur, die konkreten Beispiele von Werken, die vom Wokismus durchdrungen sind, zeigen, wie sehr diese Strömung die zeitgenössische Kulturlandschaft infiltriert und verändert hat. Über bloße Kunstobjekte hinaus regen diese wegweisenden Filme und Bücher zu einer tiefgreifenden Reflexion über Minderheitserfahrungen und Herrschaftsstrukturen an. Sie zeigen den Einfluss des Wokismus als disruptive kulturelle Bewegung, die ihren Weg selbst in die populärsten und preisgekröntesten Werke findet.

Kapitel 4: Wokismus in der Erziehung

1. Diskussion über Veränderungen in den Lehrplänen und der Pädagogik

Lehrpläne und Lehrmethoden haben sich unter dem Einfluss des Wokismus deutlich verändert - eine Entwicklung, die nicht unumstritten ist. Indem wir uns die Kritikpunkte ansehen, können wir besser verstehen, worum es bei diesem Wandel geht.

Nehmen Sie zum Beispiel die Fächer Geschichte und Literatur. Kritiken wie die angesprochene beleuchten eine Tendenz, Lehrpläne zu überarbeiten, um eine größere Vielfalt an Perspektiven einzubeziehen, insbesondere die von historisch marginalisierten Gruppen. Obwohl dies den Unterricht bereichern soll, wirft es Fragen nach dem Gleichgewicht zwischen der Integration neuer Stimmen und der Bewahrung traditioneller Inhalte auf.

Auch in der Pädagogik ändert sich der Ansatz. Methoden, die sich auf die Sensibilisierung für Gender-, Rassen- und Identitätsfragen konzentrieren, gewinnen an Boden. Diese Entwicklung zielt zwar auf die Schaffung eines integrativeren Lernumfelds ab, wird aber manchmal als Eindringen von Ideologie in die Bildung angesehen und bedroht nach Ansicht einiger die Objektivität und akademische Strenge.

Die Auswirkungen dieser Veränderungen zeigen sich in den

Universitäten und Schulen. Kurse zu Gender Studies, Kolonialgeschichte oder postkolonialen Theorien werden häufiger angeboten und spiegeln den Wunsch wider, den intellektuellen Horizont der Studierenden zu erweitern. Diese Ausrichtung weckt jedoch auch Bedenken hinsichtlich der Polarisierung der Debatten und des Potenzials, Spaltungen innerhalb der Bildungsgemeinschaften zu verursachen.

Diese ausführliche Diskussion über Veränderungen in Lehrplänen und Pädagogik offenbart eine Bildungslandschaft im Umbruch. Sie verdeutlicht die Notwendigkeit eines kontinuierlichen Dialogs, um zwischen pädagogischer Innovation und der Einhaltung grundlegender Bildungsprinzipien zu navigieren.

2. Debatten über akademische Freiheit, Zensur und Geschichtsunterricht

In der akademischen Welt finden derzeit heftige Debatten statt, die durch den Aufstieg des Wokismus beeinflusst werden. Die intellektuelle Freiheit auf dem Campus und der Geschichtsunterricht sind die Hauptthemen dieser Diskussionen. Es werden Argumente gegeneinander ausgespielt, die Spannungen zwischen Offenheit und der Gefahr der Zensur aufzeigen.

So stellt sich im Geschichtsunterricht die Frage, wie die Komplexität der Vergangenheit ausgewogen dargestellt werden kann. Manche kritisieren eine Tendenz, die Geschichte durch ein zeitgenössisches Raster neu zu interpretieren und dabei als problematisch angesehene Aspekte auszulöschen. Dieser Ansatz, der darauf abzielt, die Perspektive zu erweitern, wird beschuldigt, das Verständnis historischer Ereignisse zu verzerren.

Auch die akademische Freiheit, ein Grundpfeiler der Universitäten, wird in Frage gestellt. Es wird befürchtet, dass ideologischer Druck die freie Erforschung abweichender Ideen einschränken könnte. Die Gefahr einer "cancel culture", die bestimmte Äußerungen im Namen der aktuellen Befindlichkeiten zensieren würde, wird heraufbeschworen.

Was die Diversifizierung der Lehrpläne betrifft, so herrscht zwar Einigkeit, doch einige befürchten, dass dies auf Kosten der wissenschaftlichen Strenge gehen könnte. Die Herausforderung besteht darin, einer Vielzahl von kulturellen und historischen Stimmen Ausdruck zu verleihen, ohne den akademischen Anspruch zu opfern.

So zeichnen sich hinter diesen Debatten über Zensur, Wokismus oder die Umschreibung der Vergangenheit die Herausforderungen ab, denen sich Bildungseinrichtungen gegenübersehen. Wie navigiert man zwischen der Achtung von Minderheiten und der Wahrung der intellektuellen Integrität? Wie lassen sich Offenheit und akademische Ansprüche miteinander vereinbaren? Komplexe Fragen, die dazu auffordern, die Modalitäten einer inklusiven und zugleich rigorosen Bildung grundlegend zu überdenken.

3. Fallstudien und spezifische Beispiele

Um die konkrete Bedeutung des Wokismus zu erfassen, ist es aufschlussreich, bestimmte Fallstudien aus verschiedenen Bereichen zu analysieren. Diese Beispiele zeigen, wie diese Denkrichtung die zeitgenössischen Bereiche Kultur, Politik und Bildung prägt oder herausfordert.

Im kulturellen Bereich haben bestimmte filmische oder literarische Werke die Debatten um die Darstellung von Minderheiten kristallisiert. Der Film "Black Panther" mit seiner überwiegend schwarzen Besetzung wurde zum Beispiel als Meilenstein in der Darstellung der Vielfalt in Hollywood gefeiert. Im Gegensatz dazu wurden Bücher wie "American Dirt" von Jeanine Cummins kontrovers diskutiert, die in ihrer Darstellung lateinamerikanischer Migranten der kulturellen Aneignung bezichtigt wurden.

Auf politischer Ebene verdeutlichen umstrittene Gesetzesinitiativen den wachsenden Einfluss von Woke-Ideen. In den USA haben Pläne, in den Schulen den Unterricht von als rassisch eingestuften Konzepten zu verbieten, die öffentliche Debatte polarisiert. In Frankreich werden Gesetze gegen "Separatismus" von manchen so verstanden, dass sie im Namen der Verteidigung des Laizismus auf Minderheiten abzielen.

Im Bildungswesen zeugt die Aufnahme von "dekolonisierten" Lehrplänen oder von Diversity-Schulungen in Unternehmen von konkreten Veränderungen. Einige prangern jedoch Fehlentwicklungen an, wie z. B. eine kanadische Universität, die einen Kurs mit dem Titel "Abolition of White Supremacy in Schools" (Abschaffung der weißen Vorherrschaft in Schulen) angeboten hat.

Anhand dieser Beispiele wird deutlich, dass der Wokismus verschiedene Bereiche der Gesellschaft beeinflusst und sowohl Zustimmung als auch Widerstand hervorruft. Seine Anhänger sehen in ihm eine progressive, emanzipatorische Bewegung, seine Kritiker eine freiheitsfeindliche oder kommunitaristische Ideologie. Wie auch immer, der Wokismus scheint eine disruptive Kraft zu sein, die die etablierten kulturellen, politischen und erzieherischen Rahmenbedingungen aufbricht. Ein konkreter Einfluss, den es zu begrüßen oder zu beklagen gilt.

Kapitel 5: Politische und soziale Folgen des Wokismus

1. Analyse des Einflusses des Wokismus auf die öffentliche Politik und die Debatten

Der wachsende Einfluss des Wokismus auf die Gestaltung der öffentlichen Politik und die gesetzgeberische Debatte in Europa wird heftig diskutiert. Als Echo auf die Beobachtungen wollen wir genauer analysieren, wie diese Strömung die politische Landschaft des Alten Kontinents in den letzten Jahren geprägt hat.

In Frankreich ist die laufende Reform des nationalen Bildungswesens ein gutes Beispiel für diese woke-Prägung. Die aktuellen Debatten über die Aufnahme von Modulen zur Kolonialgeschichte oder zu multikulturellen Perspektiven in die Lehrpläne spiegeln seine Prinzipien der Inklusion und der Dekonstruktion vorherrschender Narrative wider. Dasselbe gilt für das kürzlich verabschiedete Gesetz gegen Separatismus, das nach Ansicht einiger den Willen zur Bekämpfung von Diskriminierung oder nach Ansicht anderer zur Stigmatisierung von Minderheiten widerspiegelt.

In Deutschland hat sich dies auch auf die Politik zur Aufnahme von Migranten und Flüchtlingen ausgewirkt. Die Aufmerksamkeit, die der Förderung der kulturellen Vielfalt und der sozialen Eingliederung in diesen Vorkehrungen gewidmet wird, zeugt von einer wachsenden Woke-Sensibilität. Einige nationalistische Bewegungen sehen in diesem Ansatz jedoch eine Bedrohung für die deutsche Identität.

In Skandinavien hat der Wokismus auch in gesellschaftlichen Debatten an Einfluss gewonnen. In Schweden zum Beispiel haben Fragen der Geschlechtergleichheit und der LGBTQ+-Rechte in Verbindung mit Woke-Forderungen einen zentralen Platz im politischen Diskurs eingenommen. Aber auch hier sind konservative Stimmen über ein mögliches "ideologisches" Abdriften besorgt.

Die europäischen Beispiele zeigen, wie sehr der Wokismus die öffentliche Politik und die Gesetzgebung auf dem alten Kontinent durchdringt. Der Wokismus ist eine progressive Strömung, die Werte wie Integration und soziale Gerechtigkeit fördert.

2. Auswirkungen auf politische Parteien, Wahlen und Integrationspolitik.

Der Einfluss des Wokismus auf die politische Sphäre ist vergleichbar mit dem Hinzufügen einer neuen Farbe zu einer bereits reichhaltigen Palette, die das bestehende Gleichgewicht verändert. Wir wollen diesen Einfluss anhand von Beispielen aus verschiedenen Kontinenten genauer analysieren.

In Europa zeigt eine aktuelle Studie, dass 30 % der Wähler die vom Wokismus getragenen Themen der Inklusion und Vielfalt inzwischen bei ihren Wahlentscheidungen berücksichtigen. Dies hat viele Parteien, vor allem in Deutschland und Spanien, dazu veranlasst, diese Themen in ihre Programme aufzunehmen. Die letzten Wahlen in Frankreich und den Niederlanden haben dies bestätigt: Kandidaten, die progressive soziale Positionen vertreten, haben eine beachtliche Unterstützung, insbesondere unter jungen Menschen, auf sich vereint.

In Nordamerika hat die Woke-Welle auch die politische Debatte verändert. In den USA hat sie die Spaltung zwischen Demokraten, die für diese Themen sensibler sind, und Republikanern, die darin einen Linksrutsch sehen, verschärft. In Kanada hat Premierminister Justin Trudeau die Förderung der Vielfalt zu einem Markenzeichen seiner Amtszeit gemacht, wenn auch nicht ohne Kontroversen.

In Asien haben einige Regierungen vom Wokismus beeinflusste politische Maßnahmen ergriffen, wie z. B. Quotenregelungen für Minderheiten in Indien. Länder wie China lehnen dies jedoch weiterhin vehement ab, da sie eine Infragestellung der nationalen Einheit befürchten.

In Afrika hat der Wokismus die postkolonialen Debatten und Identitätsforderungen in jungen Demokratien wie Südafrika oder Kenia verstärkt. Aber auch hier werden Stimmen laut, die das Risiko des Imports eines Konzepts anprangern, das als fremd für die afrikanischen Realitäten angesehen wird.

Anhand dieser weltweiten Beispiele lässt sich also feststellen, dass der Wokismus einen wachsenden Einfluss auf das politische Feld ausübt. Doch seine Integration in die Demokratien ruft sowohl Zustimmung als auch Widerstand hervor und offenbart ideologische Bruchlinien. Wie ein Maler, der seine Palette überarbeitet, fordert der Wokismus die Gesellschaften der Welt auf, ihre politischen Gleichgewichte im Lichte der Inklusion zu überdenken.

3. Diskussion über internationale Interaktionen und Kulturdiplomatie

Im Zeitalter der Globalisierung gewinnen internationale Interaktionen und Kulturdiplomatie zunehmend an Bedeutung. In diesem Zusammenhang beeinflussen und verändern zeitgenössische Denkrichtungen wie der Wokismus diese Bereiche.

Betrachten wir die internationale Bühne als ein Theater, in dem jede Nation ihre einzigartige Kultur zur Schau stellt. Der Wokismus, der die Ideale der Inklusion und der Wertschätzung von Vielfalt vertritt, inspiriert neue Ansätze in diesem Bereich. Kulturdiplomatische Initiativen wie Kunst- und Bildungsaustausch werden dadurch verändert: Der Schwerpunkt liegt nun auf der Entdeckung vielfältiger Kulturen, was zu einem bereichernden interkulturellen Dialog beiträgt.

Diese Prägung findet sich auch in multilateralen Foren wieder, wo Diskriminierungs-, Gender- oder Menschenrechtsfragen einen immer größeren Raum in den Debatten einnehmen, was den Einfluss von woke belegt. Diese internationalen Diskussionen prägen im Gegenzug die öffentliche Politik und Vereinbarungen zwischen den Nationen.

So wird die Kulturdiplomatie im Zeitalter der Globalisierung zu einem Instrument der Annäherung zwischen den Völkern und fördert das gegenseitige Verständnis über Grenzen hinweg. Internationale Festivals, Austauschprogramme, eine ganze Reihe von Initiativen entstehen, die von dem Wunsch getragen werden, den anderen zu entdecken.

Diese Studie hebt die grundlegende Bedeutung der modernen Kulturdiplomatie hervor, die von Denkbewegungen wie dem Wokismus geprägt und beeinflusst wird. Diese erfindet sich neu, um den Reichtum der Kulturen der Welt hervorzuheben, und baut in einem von Vernetzung geprägten Zeitalter wichtige Brücken zwischen den Nationen.

Kapitel 6: Kritik und Kontroversen

1. Zusammenfassung der Hauptargumente der Kritiker des Wokismus

Der Wokismus, der wie ein Spiegel die Komplexität unserer Gesellschaft widerspiegelt, ruft eine breite Palette von Kritikern auf den Plan. Auf der Grundlage eingehender Analysen wollen wir die Hauptargumente seiner Kritiker anhand von anschaulichen Analogien erkunden.

Stellen wir uns den Wokismus zunächst als ein kulinarisches Rezept vor, das sich ständig weiterentwickelt. Seine Gegner vergleichen die Ideologie oft mit einem Gericht, das in seinem Bestreben, zu viele verschiedene Zutaten zu verarbeiten, seinen ursprünglichen Geschmack verliert. Sie behaupten, dass der Wokismus in seinem zügellosen Streben nach Inklusion und Vielfalt Gefahr läuft, etablierte kulturelle und historische Traditionen zu verwässern.

Betrachten wir den Wokismus als einen Architekten, der die Landschaft einer Stadt umgestalten will. Kritiker argumentieren, dass der Wokismus wie ein Architekt, der den vorhandenen Stil und die Geschichte ignoriert, im Namen des sozialen Fortschritts die Vergangenheit und die Kultur auslöschen könnte.

Darüber hinaus wird der Wokismus manchmal als übereifriger Gärtner dargestellt, der wahllos die Zweige der Meinungsfreiheit und der intellektuellen Vielfalt beschneidet, um seine Ideologie durchzusetzen. Dieses Bild verdeutlicht die Befürchtung, dass der Wokismus durch die Förderung bestimmter Ansichten unbeabsichtigt die demokratische Debatte und das freie Denken verarmen lassen könnte.

Manche sehen im Wokismus auch einen Maler, der von einer Regenbogenschattierung besessen ist und schließlich seine gesamte Leinwand mit einem einzigen monochromen Farbton überzieht. Eine Art, auf die Gefahr des Einheitsdenkens hinter einem Diskurs hinzuweisen, der offen für Vielfalt sein soll.

Alles in allem zeigt diese Zusammenfassung der Kritik am Wokismus die komplexen Herausforderungen auf, die sich stellen, wenn es darum geht, das Streben nach einer integrativeren Gesellschaft mit der Achtung bestehender Traditionen und Freiheiten in Einklang zu bringen. Sie erinnert daran, wie wichtig es ist, ein Gleichgewicht zwischen sozialer Innovation und der Aufrechterhaltung der Grundwerte, die unsere heutigen Demokratien zusammenhalten, zu wahren.

2. Analyse der Vorwürfe des Geschichtsrevisionismus und der Polarisierung

Geschichtsrevisionismus und Polarisierung gehören zu den wiederkehrenden Vorwürfen an die Adresse des Wokismus. Es ist von entscheidender Bedeutung, diese Kritikpunkte und ihre potenziellen Auswirkungen auf den gesellschaftlichen und historischen Diskurs zu analysieren.

Der Revisionismus wird oft mit einem Maler verglichen, der eine klassische Landschaft neu interpretiert. Seine Kritiker behaupten, dass der Wokismus unsere Wahrnehmung der Geschichte verändert, indem er bisher vernachlässigte Aspekte hervorhebt und dadurch Gefahr läuft, die Geschichte zu verzerren. Dies kann zwar unser Verständnis der Vergangenheit bereichern, aber auch zu einer übermäßigen Vereinfachung führen, wenn man nicht aufpasst.

Die Polarisierung wird als ein Fluss beschrieben, der sich in viele Arme teilt. Der Wokismus würde durch seinen kommunitaristischen Ansatz die Aufspaltung der Gesellschaft in verschiedene Gruppen fördern, die auf ihre eigenen Visionen beharren. Diese Dynamik wäre dem Dialog und dem Einfühlungsvermögen zwischen verschiedenen Teilen der Bevölkerung abträglich.

So wird der Wokismus hinter seinem inklusiven Anspruch von manchen als Vektor einer einseitigen Umschreibung der Geschichte und einer schädlichen Abschottung der Gemeinschaft wahrgenommen. Diese Befürchtungen machen deutlich, wie schwierig es ist, brisante Identitätsfragen in aller Ruhe anzugehen.

Wie lässt sich ein Gleichgewicht zwischen der Wertschätzung der Vielfalt und der Aufrechterhaltung der sozialen Einheit finden? Wie kann man den Fallstricken des Revisionismus ausweichen und gleichzeitig die Komplexität der Geschichte anerkennen? Diese bereichernden Herausforderungen sind entscheidend für eine ruhige historische und demokratische Debatte, die durch die Vielfalt der Standpunkte in einem Klima des gegenseitigen Respekts belebt wird.

3. Fallstudien zu bestimmten Kontroversen

In der schnelllebigen Landschaft des Wokismus gibt es in letzter Zeit einige Kontroversen, die es wert sind, im Lichte der bereits analysierten Beispiele näher betrachtet zu werden. Wir wollen diese polemischen Situationen genauer untersuchen und herausfinden, was sie über die Spannungen aussagen, die unsere heutige Gesellschaft durchziehen.

Eine der heftigsten Kontroversen ist das Aufbrechen von Statuen und historischen Denkmälern, ein Phänomen, das in vielen Ländern an Bedeutung gewonnen hat. Diese Infragestellungen stellen unsere Beziehung zur Vergangenheit und zum kollektiven Gedächtnis in Frage. Wie soll die Gesellschaft historische Persönlichkeiten betrachten, deren Erbe, das gestern noch gefeiert wurde, heute unter dem Prisma unserer heutigen Werte in Frage gestellt wird? Hinter diesen Erinnerungsdebatten stehen tiefgründige Überlegungen zur kulturellen Identität.

Ein weiteres Beispiel für eine immer wiederkehrende Kontroverse ist die Überarbeitung von Lehrplänen und kulturellen Werken, um sie vielfältiger und integrativer zu gestalten. Obwohl diese Initiativen das löbliche Bestreben haben, allen Hinterlassenschaften einen Platz einzuräumen, werden sie manchmal beschuldigt, im Namen des Wokismus die Geschichte umschreiben oder das Erbe zensieren zu wollen. Die Kontroverse wirft hier ein Schlaglicht auf das schwierige Gleichgewicht zwischen der Weitergabe eines gemeinsamen Erbes und der Anpassung an veränderte Denkweisen.

Konservative Stimmen prangern eine "cancel culture" an, die im Namen der politischen Korrektheit versucht, ganze Teile der Vergangenheit auszulöschen oder zu verurteilen. Die "woke"-Bewegungen lehnen es ab, jemanden zu "canceln", sondern lediglich historische Fakten oder problematische Werke zu kontextualisieren.

Wie man sieht, zeigen diese Debatten tiefe Bruchlinien in unserem Verhältnis zur Vergangenheit und zum kulturellen Erbe auf. Sie verdeutlichen die Herausforderungen, die sich aus der Anpassung kollektiver Erzählungen an neue Sensibilitäten in Gesellschaften ergeben, die von ihrer wachsenden Vielfalt geprägt sind. Diese Kontroversen veranlassen uns, darüber nachzudenken, wie wir Erinnerung und Inklusion, Überlieferung und Mentalitätswandel miteinander in Einklang bringen können.

Um sich in diesen stürmischen Gewässern zurechtzufinden, scheint es unerlässlich, einen nuancierten und friedlichen Dialog zu bevorzugen. Die Weisheit gebietet eine offene, einfühlsame und rationale Diskussion über die Figuren und Werke der Vergangenheit. Es geht nicht darum, etwas auszulöschen, sondern darum, problematische Hinterlassenschaften mit Bedacht zu kontextualisieren, ohne die Komplexität unserer gemeinsamen Geschichte zu verleugnen.

Kapitel 7: Zukunft des Wokismus

1. Mögliche Szenarien für die Entwicklung der Bewegung

Sich die Zukunft des Wokismus vorzustellen, ist, als würde man die möglichen Windungen eines Flusses beobachten, dessen Schicksal noch ungewiss ist. Auf der Grundlage aktueller Prognosen und Trends wollen wir Szenarien für die weitere Entwicklung dieser weitverzweigten Bewegung entwerfen.

Im Bildungswesen scheint der Wokismus seinen Einfluss noch zu verstärken. Die zunehmende Aufnahme von Themen im Zusammenhang mit Vielfalt und Inklusion in die Lehrpläne deutet darauf hin, dass zukünftige Curricula noch stärker auf diese Herausforderungen ausgerichtet sein werden. Denkbar ist die Entwicklung neuer kooperativer und interaktiver Pädagogik zur Förderung von Empathie und interkulturellem Verständnis.

Auf Seiten der Kultur- und Kreativwirtschaft könnte der Wokismus die Erforschung innovativer Erzählformate fördern, in denen Geschichten von minorisierten Gruppen eine wichtige Rolle spielen. Fortschritte in der virtuellen Realität werden vielleicht schon bald immersive Erfahrungen in der Haut anderer Identitäten ermöglichen und die Grenzen der Repräsentation und Inklusivität verschieben.

Auf politischer Ebene dürfte diese Strömung auch weiterhin das öffentliche Handeln prägen. Es ist zu erwarten, dass es eine ehrgeizigere Politik der Gerechtigkeit geben wird, sei es im Wohnungs-, Beschäftigungs- oder Bildungswesen, um den spezifischen Bedürfnissen der verschiedenen sozialen Gruppen gerecht zu werden. Der Kampf gegen systemische Diskriminierung wird wahrscheinlich intensiviert werden.

Allerdings könnte der Wokismus auch auf wachsenden Widerstand stoßen. Seine Institutionalisierung könnte zu Fehlentwicklungen und einer Form des Einheitsdenkens führen. Demgegenüber könnten populistische, identitätsstiftende Bewegungen an Macht gewinnen. Die Zukunft wird zeigen, ob es diesen Kräften gelingt, friedlich zu koexistieren.

Alles in allem scheint der Wokismus auch in Zukunft viele Bereiche zu durchdringen, sei es Bildung, Kultur oder Politik. Die Konturen, die er annehmen wird, bleiben jedoch ungewiss, zwischen emanzipatorischem Potenzial und der Gefahr des Abgleitens. Die Geschichte wird uns zeigen, welche Windungen diese Strömung mit ihren vielfältigen Schicksalen zwischen Zusammenflüssen und Turbulenzen nehmen wird.

2. Implikationen für die Gesellschaft und Kultur in der Zukunft

Sich die zukünftigen Auswirkungen des Wokismus auf Gesellschaft und Kultur vorzustellen, bedeutet, die Umrisse einer Welt im Werden zu antizipieren, die tiefgreifende Veränderungen mit sich bringt. Welche Veränderungen kündigt die Strömung in unseren Lebensweisen und künstlerischen Ausdrucksformen an?

Auf sozialer Ebene könnte Wokismus zu Gesellschaften führen, die sich der Ungleichheit bewusster sind und die Vielfalt im Alltag feiern. Eine integrative öffentliche Politik, die alle Formen der systemischen Diskriminierung bekämpft, ist denkbar. Der nationale Zusammenhalt würde auf der Solidarität zwischen Gruppen beruhen und nicht auf ihrer Uniformität. Die Akzeptanz von Unterschieden wäre ein Grundwert, der von Kindheit an vermittelt wird.

In der kulturellen Sphäre lässt diese Bewegung eine künstlerische Blütezeit erwarten, in der Identität und Vielfalt in ihrer ganzen Komplexität erforscht werden. Die Kunstschaffenden würden sich von Zwängen befreien und sich vom Reichtum individueller, zeitgenössischer Lebenswege inspirieren lassen. Diese neue Welle, die von den Rändern ausgeht, würde das kulturelle Erbe mit ihren einzigartigen Beiträgen bereichern. Die Kunst würde eine vielfältige Gesellschaft in ihrer ganzen Authentizität widerspiegeln.

Auch die Bildung könnte einen tiefgreifenden Wandel durchlaufen und ein aufgeklärtes Verständnis für die Herausforderungen der Inklusivität vermitteln. Anstatt zu lernen, wie wir trotz unserer Unterschiede nebeneinander existieren können, würden wir lernen, uns an dieser Vielfalt zu bereichern. Die Medien und die Kommunikation könnten die Vielfalt der Kulturen und Empfindungen besser vermitteln.

Einige befürchten jedoch, dass es hinter einer scheinbaren Feier der Vielfalt zu einer Vereinheitlichung der Ansichten kommen könnte. Andere befürchten, dass die Besessenheit von Unterschieden die Suche nach verbindenden gemeinsamen Nennern untergräbt. Die Implikationen des Wokismus sind daher Gegenstand heftiger Debatten.

Wie auch immer, diese Strömung scheint eine neue Ära anzukündigen, in der die Vielfalt jeden Aspekt der Gesellschaft und Kultur durchdringt. Die Frage ist nur, wie man dieses Ideal bewahren und gleichzeitig einen friedlichen Dialog und das Zusammenleben pflegen kann, eine große Herausforderung für die Gesellschaften von morgen.

3. Empfehlungen für eine konstruktive Debatte

Um eine sachliche und konstruktive Debatte über so kontroverse Themen wie den Wokismus zu fördern, sind einige Empfehlungen von unschätzbarem Wert. Lassen wir uns von den Grundsätzen eines fruchtbaren Dialogs inspirieren, um Wege zu finden, die einer sachkundigen Diskussion förderlich sind.

Zunächst einmal sollten wir die Kontroverse als einen üppigen Garten betrachten, in dem jede Pflanze einen einzigartigen Standpunkt symbolisiert. Die Herausforderung besteht darin, diese Vielfalt an Meinungen zur Entfaltung zu bringen, ohne eine Äußerung zu unterdrücken. Diesen Garten zu bewirtschaften bedeutet, dafür zu sorgen, dass sich jede Stimme erheben kann, wobei die Sensibilitäten und Erfahrungen jedes Einzelnen respektiert werden.

Zweitens sollten wir die Qualität des Zuhörens und die Qualität des Sprechens gleichermaßen schätzen. Wie die Musiker in einem Orchester erfordert die Harmonie der Debatte eine aufrichtige Aufmerksamkeit für alle geäußerten Meinungen, auch wenn sie nicht übereinstimmen. Zuhören bedeutet, das Anderssein und die Komplexität der Perspektiven zu akzeptieren, anstatt sich auf seine Gewissheiten zu versteifen.

Außerdem sollten wir uns auf harte Fakten und fundiertes Fachwissen stützen. Die Debatte ist ein Gebäude, dessen Fundament auf geprüftem Wissen beruhen muss, fernab vom Treibsand der Desinformation. Die Beherrschung der behandelten Themen ist eine wesentliche Voraussetzung, um sich in Ruhe über diese sensiblen Fragen unterhalten zu können, ohne sich auf Annäherungen einzulassen.

Ein konstruktiver Dialog über Wokismus oder andere spaltende Themen erfordert viel Weisheit und Differenziertheit. Die Dissonanz der Standpunkte in einem Geist der Offenheit, aber mit intellektueller Strenge zu akzeptieren, ist zweifellos die günstigste Haltung für einen sachkundigen Austausch. Anstatt zu entscheiden oder zu verurteilen, sollten wir den Garten der Ideen in seiner ganzen Vielfalt bewirtschaften.

Kapitel 8: Synthese und Schlussüberlegungen

1. Zusammenfassung der wichtigsten Punkte

Zunächst einmal erscheint der Wokismus als ein Prisma, das eine Vielzahl zeitgenössischer sozialer und kultureller Fragen bricht. Indem sie etablierte Narrative in Frage stellt, fördert diese Strömung eine vielfältigere und integrativere Darstellung in allen Bereichen: Kultur, Medien, Bildung usw. Diese gründliche Neubewertung könnte letztendlich unser Verständnis von Vergangenheit und Gegenwart grundlegend umgestalten.

Zweitens wirft der Einfluss des Wokismus auf Politik und Institutionen entscheidende Debatten auf, ob es nun um akademische Freiheit oder gerechte Repräsentation geht. Diese leidenschaftlichen Diskussionen sind keineswegs steril, sondern entscheidend für eine durchdachte Weiterentwicklung der Bildungspraxis und der öffentlichen Politik. Sie lassen für die Zukunft tiefgreifende Reformen erwarten, die die Beiträge dieser disruptiven Strömung auf nuanciertere Weise einbeziehen.

Darüber hinaus zeigen die Kontroversen um den Wokismus tiefe Bruchlinien in unserem Verhältnis zur Vergangenheit und zur kulturellen Vielfalt auf. Der Umgang mit diesen Spannungen ist entscheidend, um das richtige Gleichgewicht zwischen der Öffnung für minderheitliche Perspektiven und der

Aufrechterhaltung eines gemeinsamen historischen Rahmens zu finden. Dies ist die Herausforderung einer pluralistischen und inklusiven nationalen Erzählung.

Im weiteren Sinne fordert der Wokismus dazu auf, unseren Gesellschaftsvertrag zu überdenken, um ihn gerechter zu gestalten und gleichzeitig die nationale Einheit zu pflegen. Wie lassen sich die Feier der Vielfalt und der Erhalt der staatsbürgerlichen Bindung miteinander vereinbaren? Die Antwort auf diese komplexe Frage wird die Geschicke des Wokismus und darüber hinaus das Zusammenleben in unseren multikulturellen Gesellschaften bestimmen.

Insgesamt erscheint der Wokismus im Lichte dieser Analysen als ein Katalysator, der eine tiefgehende Reflexion über die Herausforderungen der heutigen Gesellschaften, die von ihrer wachsenden Vielfalt geprägt sind, anregt. Seine Beiträge, aber auch seine potenziellen Fehlentwicklungen erfordern eine ständige kritische Prüfung, um die Auswüchse zu zügeln, ohne die Legitimität seiner Kämpfe zu verleugnen. Mit diesen Lehren im Hinterkopf sollten wir den gewundenen Weg zu einer Gesellschaft, die zugleich pluralistisch und in ihrer Vielfalt geeint ist, ruhig weitergehen.

2. Bedeutung des soziologischen Verständnisses bei der Analyse des Wokismus

Die Analyse des Wokismus durch das Spektrum der Sozialwissenschaften ist von entscheidender Bedeutung, um seine Auswirkungen und Implikationen vollständig zu erfassen. Wie eine Vergrößerungslinse gibt uns die Soziologie die Mittel an die Hand, die komplexen Zusammenhänge des Wokismus in der Gesellschaft zu entschlüsseln.

Nehmen wir zum Beispiel den demografischen Wandel und die Entstehung von Vielfalt in den heutigen Gesellschaften. Der soziologische Ansatz hilft zu verstehen, wie sich diese Entwicklungen auf die Resonanz und die Aufnahme des Wokismus auswirken. Sie untersucht die Interaktionen zwischen den verschiedenen Gemeinschaften und wie der Wokismus auf die Bedürfnisse nach Anerkennung und Einbeziehung reagiert.

Im akademischen Umfeld analysiert die Gesellschaftswissenschaft, wie der Wokismus die Lehrpläne und die Beziehungen in den Klassenzimmern gestaltet. Sie beleuchtet die Reibungspunkte zwischen akademischer Freiheit und der Integration neuer Perspektiven und bietet einen Rahmen für die Analyse der aktuellen Debatten sowie deren Auswirkungen auf Studenten und Lehrer.

Die Soziologie bietet uns auch Werkzeuge, um die Rolle des Wokismus in sozialen Bewegungen zu untersuchen. Durch die Untersuchung der Gründe für die Zusammenkünfte, der mobilisierten Diskurse und der gesellschaftlichen Reaktionen kann sie die zugrunde liegenden Trends und die potenziellen langfristigen Auswirkungen dieser Bewegungen auf den sozialen Körper erkennen.

Es ist unerlässlich, den Wokismus durch die Brille der Sozialwissenschaften zu betrachten. Dies bereichert unser Verständnis der Herausforderungen und Chancen, die diese Denkrichtung mit sich bringt, und lenkt die Gesellschaft auf fundiertere und differenziertere Antworten auf die Herausforderungen von Vielfalt, Gleichheit und Inklusion.

3. Aufruf zu einem ausgewogenen Ansatz

Bei unserer Erforschung des Wokismus ist es wichtig, einen ausgewogenen und ausgewogenen Ansatz zu verfolgen. Wie ein Seiltänzer, der sich vorsichtig vorwärtsbewegt, müssen wir die richtige Balance zwischen verschiedenen Polen und Perspektiven finden.

Beispielsweise muss die freie Meinungsäußerung mit der Achtung unterschiedlicher Sensibilitäten in Einklang gebracht werden. Das freie Wort zu schützen und gleichzeitig auf die potenziellen Auswirkungen der verwendeten Wörter zu achten, ist das Herzstück einer sowohl demokratischen als auch integrativen Gesellschaft.

Ebenso darf im Bildungs- und Kulturbereich die Aufwertung der Vielfalt von Standpunkten nicht dazu führen, dass das Erbe der Vergangenheit verschwiegen wird. Es geht darum, neue Stimmen in die Lehrpläne aufzunehmen, ohne die historischen Wurzeln zu verleugnen, die unsere kollektive Identität ausmachen.

Auf der politischen und sozialen Bühne zeigt sich dieses Gleichgewicht in der Suche nach einem respektvollen Dialog, in dem kontrastierende Meinungen ohne Brüche nebeneinander existieren können. Die Diskussion der Beschimpfung vorzuziehen und einen Konsens statt eines sterilen Konflikts anzustreben, ist der Schlüssel zum kollektiven Fortschritt.

Um den Wokismus mit Maß und Verstand zu analysieren, muss man einen Mittelweg zwischen Konservatismus und Radikalität beschreiten. Dieses subtile Gleichgewicht ist der Garant für einen Raum der Debatte, in dem die Vielfalt der menschlichen Erfahrungen frei zum Ausdruck kommen kann, in einem Geist der Offenheit, aber auch des gegenseitigen Verständnisses. Lassen Sie uns statt der Extreme gemeinsam diesen Sinn für Nuancen und Kompromisse pflegen.

Epilog: Auf dem Weg in eine aufgeklärte Zukunft

Während sich der Vorhang über unseren explorativen Überlegungen zum Wokismus schließt, ist es angebracht, einen Blick zurück auf dieses Phänomen mit seinen tausend Schattierungen zu werfen, das weiterhin die öffentliche Debatte bewegt.

Man muss zugeben, dass diese Denkrichtung das Bewusstsein für Vielfalt und Integration in unseren Gesellschaften erheblich geschärft hat. Selbst seine Kritiker sind sich einig, dass der Wokismus diese Themen wieder in den Mittelpunkt der medialen, politischen und kulturellen Agenda gerückt hat. Er hat blinde Flecken und Unausgesprochenes in der Repräsentation von Minderheiten aufgedeckt und eine willkommene Reflexion über die Ausgrenzungsmechanismen angeregt, die in unseren Demokratien noch immer bestehen können.

Bei diesem emanzipatorischen Elan sollten wir jedoch nicht aus den Augen verlieren, wie wichtig es ist, ein Gleichgewicht mit unseren historischen Wurzeln und traditionellen kulturellen Bezugspunkten zu bewahren. Das legitime Streben nach einer integrativeren Gesellschaft darf nicht zu einer simplen Ablehnung des Erbes der Vergangenheit führen. Fortschritt bedeutet auch Kontinuität, indem wir das Beste aus unseren Traditionen bewahren, auch wenn wir sie verändern, und nicht, indem wir das Erbe unserer Vorfahren auslöschen.

Tatsächlich ist der Einfluss des Wokismus bereits in vielen Bereichen spürbar, sei es in Bildungsprogrammen oder in zeitgenössischen kulturellen Ausdrucksformen. Dieser Einfluss hat die Tür zu einer breiteren Darstellung der Vielfalt individueller Lebenswege, Kämpfe und Erfahrungen geöffnet. Doch Vorsicht vor den Auswüchsen einer politischen Korrektur, die das künstlerische Schaffen verarmen lässt und die akademische Freiheit einschränkt. Auch hier müssen Unterscheidungsvermögen und Augenmaß vorherrschen.

Denn die durch den Wokismus ausgelösten Debatten über Meinungsfreiheit oder Zensur erinnern daran, dass der Teufel oft im Detail steckt. Hinter der heilsamen Parole der Inklusion schimmerte manchmal der Wille durch, bestimmte Meinungen zum Schweigen zu bringen, was die ungelösten Spannungen zwischen fortschrittlichen Idealen und demokratischen Grundprinzipien offenbarte.

Der Wokismus hat unbestreitbar die jüngsten politischen und sozialen Entwicklungen geprägt und mit dem Wandel der Mentalitäten Schritt gehalten. Aber wir können sicher sein, dass diese Strömung, wie alle Bewegungen vor ihr, Platz für neue Utopien machen wird, die Hoffnung für die heranwachsenden Generationen bieten.

In Erwartung eines solchen Morgens sollten wir den Dialog über diese brisanten Fragen in aller Ruhe fortsetzen, im Geiste der Offenheit, aber auch auf der Suche nach Nuancen. Denn wahrscheinlich liegt in diesem respektvollen Austausch, der die Argumente jedes Einzelnen anhört, der Schlüssel zu einem harmonischen Zusammenleben zwischen den Gemeinschaften und Kulturen, die den großen Schmelztiegel unserer heutigen Gesellschaften bilden.

Literaturhinweise und zusätzliche Ressourcen

Für diejenigen, die ein tieferes Verständnis des Wokismus anstreben und seine Konzepte, Anwendungen und soziokulturellen Auswirkungen weiter erforschen möchten, bietet die folgende Liste eine Auswahl an zusätzlichen Literaturhinweisen und Ressourcen. Diese Werke und Ressourcen wurden aufgrund ihrer Relevanz, Zugänglichkeit und ihrer Fähigkeit, verschiedene Aspekte des Wokismus zu beleuchten, ausgewählt.

1. Bücher und Artikel

Woke: Psychologie eines Kulturkampfs von Esther Bockwyt - Was einst als progressive linke Identitätspolitik begann, hat sich zu einer militanten Ideologie entwickelt. Menschen werden pauschal in Opfer und Privilegierte eingeteilt.

Der neue Kulturkampf: Wie eine woke Linke Wissenschaft, Kultur und Gesellschaft bedroht von Susanne Schröter - Identitätspolitik, Cancel Culture und Wokeness beeinflussen zunehmend die Gesellschaft, oft mit dem gegenteiligen Effekt des intendierten Kampfes gegen Rassismus und für Demokratie.

Die Wokeness-Illusion: Wenn Political Correctness die Freiheit gefährdet von Alexander Marguier, Ben Krischke - Wokeness ist zu einem Kampfbegriff avanciert, der mehr Empörung als sachliche Debatten hervorruft. Kritisch beleuchtet wird die Auseinandersetzung mit kultureller Aneignung und strukturellem Rassismus.

2. Online-Ressourcen

Woke - Wikepedia - Dies ist eine ausführliche Wikipedia-Seite über den Begriff "Woke", der oft mit dem Wokismus in Verbindung gebracht wird. Sie behandelt die Geschichte des Begriffs, seine Verwendung im Zusammenhang mit sozialer Gerechtigkeit und wie er von verschiedenen Gruppen übernommen und kritisiert wurde.

Wokismus und Cancel Culture – wohin führt es uns? - Es ist ein Artikel, der den Wokismus und die Abbruchkultur erforscht und sich fragt, wohin uns diese Phänomene führen.

«Wokismus»: Bedrohung für demokratische Werte wie Universalismus und ... : - Dies ist ein weiterer Artikel, der den Wokismus als Bedrohung für demokratische Werte wie den Universalismus diskutiert.

Wokismus – Wiktionary - Wiktionary-Eintrag für den Begriff "Wokismus", der das deutsche Äquivalent zu "Wokismus" ist.